gallina

poule

gallo

coq

pollito

poussin

patito

caneton

pavo

dinde

burro

âne

cisne

cygne

rana

grenouille

mapache

raton laveur

oso

ours

ardilla

écureuil

mosca

mouche

mariquita

coccinelle

gusano

ver

caracol

escargot

babosa

limace

abeja

abeille

araña

araignée

escarabajo

scarabée

libélula

libellule

león

lion

cebra

zèbre

jirafa

girafe

rinoceronte

rhinocéros

serpiente

serpent

mosquito

🇫🇷 **moustique**
🇨🇦 **maringouin**

tortuga marina

tortue de mer

hipopótamo

hippopotame

caimán

alligator

cocodrilo

crocodile

tiburón

requin

morsa

morse

pingüino

pingouin

oso polar

ours polaire

foca

phoque

estrella de mar

étoile de mer

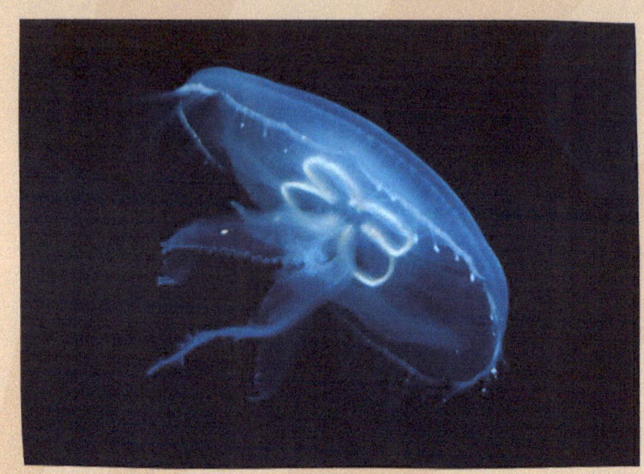

medusa

méduse

conchas marinas

coquillages

pluma

plume

11

once

onze

12

doce

douze

13

trece

treize

14

catorce

quatorze

15

quince

quinze

16

dieciséis

seize

17

diecisiete

dix-sept

18

dieciocho

dix-huit

19

diecinueve

dix-neuf

20

veinte

vingt

corazón

cœur

óvalo

ovale

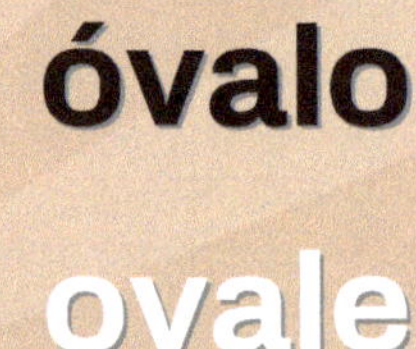

flecha

flèche

creciente

croissant

curva

courbe

espiral

spirale

cruz

croix

zigzag

zigzag

arcoíris

arc en ciel

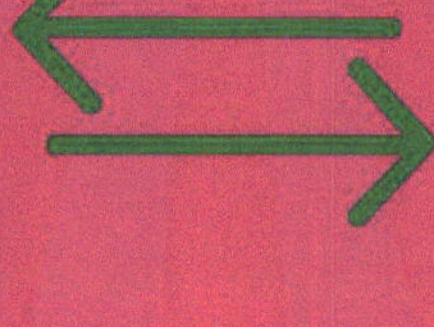

colores oscuros

couleurs foncées

colores claros

couleurs claires

puntos

points

línea

ligne

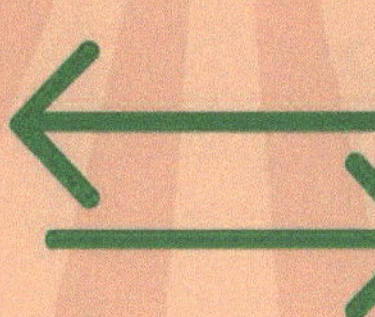

bajo

petit

alto

grand

 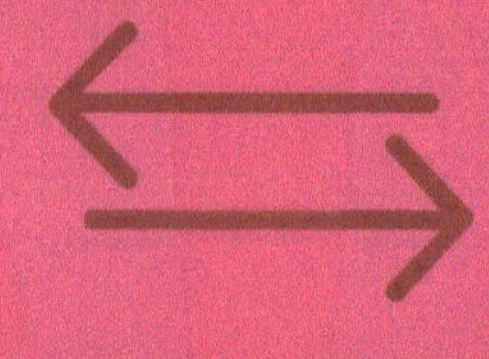 

un poco

un peu

mucho

beaucoup

 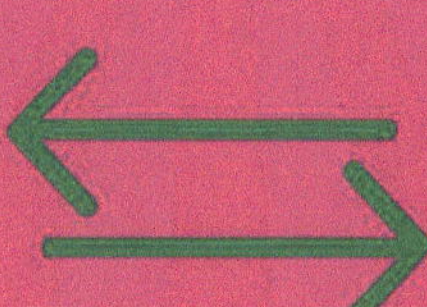 

lleno

rempli

vacío

vide

cabello rizado

cheveux bouclés

cabello liso

🇫🇷 cheveux raides
🇨🇦 cheveux droits

aceptar

accepter

rechazar

refuser

idéntico

identique

diferente

différent

seco

sec

mojado

mouillé

juguetes

jouets

bloques

cubes

pelota

ballon

robots

robots

lengua

langue

nariz

nez

cabello

cheveux

bigote

moustache

dedos

doigts

brazo

bras

rodilla

genou

codo

coude

sonreír

sourire

beso

bisou

llorar

pleurer

dolor

douleur

cuerpo

corps

espalda

dos

chupete

🇫🇷 tétine
🇨🇦 suce

trona

chaise haute

jabón

savon

cepillo de dientes

brosse à dents

toalla

serviette

orinal

pot

petit pot

anillo

bague

pulsera

bracelet

collar

collier

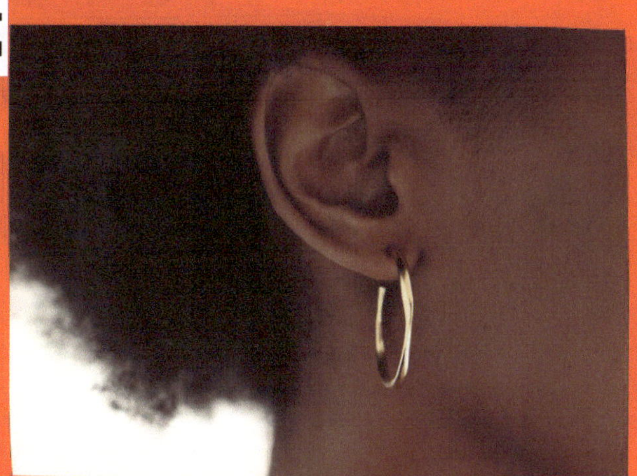

pendiente

boucle d'oreille

chocolate

chocolat

palomitas

pop-corn

mermelada

confiture

tostada

tartine

miel

miel

mantequilla

beurre

pan

pain

helado

🇫🇷 glace
🇨🇦 crème glacée

sémola

semoule

arroz

riz

pasta

pâtes

sopa

soupe

leche

lait

agua

eau

zumo

jus

kiwi

kiwi

frambuesa

framboise

pomelo

pamplemousse

melón

melon

melon miel

ciruela

prune

albaricoque

abricot

granada

grenade

higo

figue

arándano

🇫🇷 **myrtille**
🇨🇦 **bleuet**

arándano

canneberge

caqui

kaki

lichi

litchi

frutas

fruits

verduras

légumes

aguacate

avocat

judía verde

haricot vert

brócoli

brocoli

berenjena

aubergine

guisantes

petits pois

pimiento

poivron

remolacha

betterave

lechuga

endivia

endive

alcachofa

artichaut

puerro

poireau

cebolla

oignon

ajo

ail

jengibre

gingembre

nueces

noix

almendra

amande

pistacho

pistache

anacardo

noix de cajou